深くつながる一遍と本宮

熊野本宮大社宮司　九鬼家隆《くきいえたか》

桐村英一郎氏はこれまで熊野の多くの史跡を訪ねて調査をされ、熊野の歴史を紐解き、今までに幾度も論考を発表されてきました。このように熊野についての研究を進めていく中で、この度一遍《いっぺん》上人と熊野本宮大社とのつながりに着目され、本書『一遍上人と熊野本宮』を上梓《じょうし》されました。

時宗《じしゅう》開祖の一遍上人が文永十一年（一二七四年）に熊野本宮大社に参籠《さんろう》され、熊野権現の神勅《しんちょく》を授かった熊野成道《じょうどう》の話は有名ですが、熊野成道から始まりました当社と時宗の歴史的なつながりが顕現《けんげん》したものの一つに「一遍上人神勅名号碑《みょうごうひ》」があります。これは、先代宮司が時宗の遊行《ゆぎょう》上人から末寺の住職に至るまで多くの皆様と思いを一つにして、昭和四十六年（一九七一年）四月に大斎原《おおゆのはら》に建立《こんりゅう》した一遍上人真筆の六字名号碑です。

一遍上人の聖徳を偲《しの》び、熊野権現の御神意を敬仰《けいぎょう》するこの名号碑の土台には、一遍上人に縁のある全国の時宗の寺院より奉納された、寺院名が刻まれた土台石が使われています。このことから、神域である大斎原に於いて名号碑を通じて一遍上人に祈りを捧げることで、同時に時宗各寺院へもあわせて祈りを捧げることとなります。この名号碑は先代宮司の熱い思いの発露から出来たものではありますが、現代における新しい神仏習合のあり方を示すものともいえます。

また、本年は奇しくも当地熊野を含めた「紀伊山地の霊場と参詣道」世界遺産登録十五周年ならびに令和という新たな元号の年であるとともに、「一遍上人神勅名号碑」が建立されている大斎原を襲った明治二十二年（一八八九年）の未曽有の大水害より百三十年目の節目の年となります。熊野本宮大社では、去る八月に大斎原において水害の犠牲となられた方々の慰霊と、熊野の自然を守り抜いてこられた先人への感謝の祈りを捧げる神仏習合の慰霊祭を時宗と合同で斎行いたしました。

本書を通じて神仏習合の地である熊野と時宗のかかわりについて知見を広められた読者の皆様におかれましては、是非とも実際に熊野へと足を運ばれ、一遍上人と同様に本宮の空気に触れることで神仏習合の世界を感じて頂ければと思います。

令和元年八月

一遍上人と熊野本宮◉目次

第三章　出会いの場所　――悪四郎山頂の直下か

第四章　権現の神勅　――本地は阿弥陀如来

第五章　浄不浄を嫌わず　――業病者をあえて描く

第一章　大斎原

——神仏一体の地

大斎原というところ

那智の大滝、新宮の神倉山《かみくらやま》、有馬の花の窟《いわや》、古座川《こざがわ》に浮かぶ河内様《こおったま》……。熊野に聖地は数あれど「その第一は」と聞かれたら、私は迷うことなく「大斎原《おおゆのはら》」と答える。熊野川とその支流の音無川《おとなしがわ》、岩田川《いわたがわ》が合流する中洲に位置する本宮大社の旧社地である。

明治二十二年（一八八九年）の大洪水で社殿の多くが流され、今は杉などの大木に囲まれた空地の一段高い場所に小さな石祠《せきし》が二つ並ぶだけだ。だが建物がなく、あるは野鳥のさえずりのみというその場の空気には、幾千年もの歴史がぎゅっと詰まっている。

そこで、熊野権現が狩人の前に「三枚の月」として示現《じげん》して以来、上皇《じょうこう》・法皇《ほうおう》、貴族、武士、庶民、病者らが、現世の安寧《あんねい》や救済、極楽往生などを願って遠い道のりを経て大斎原へたどりついた。森閑たる旧社地で目を閉じると、彼ら彼女らの感涙、叫び、そして祈りが聞こえてくるようだ。

そこで特筆すべきは、ど真ん中に「一遍上人神勅名号碑」がでんと鎮座していること。神祇《じんぎ》

ふたつの石祠が建つだけの大斎原

の聖地に僧侶の顕彰碑。十年ほど前、両者が自然に溶け込む光景に初めて接したとき、私は「ここここそ熊野だ」と直感し、その取り合わせに心惹《ひ》かれた。

大斎原での神事

熊野本宮大社では一遍の命日にあた

一遍の命日、毎月 23 日に行われる月例祭

本宮大社の先代宮司九鬼宗隆氏

る毎月二十三日に月例祭を催している。名号碑だけでも珍しいのに、毎月欠かさず神事を行うとは。一遍にとって熊野は「悟《さと》りをひらいた大事な地」だったが、本宮もこの聖《ひじり》を大切にしてきたのである。

二〇一九年一月二十三日、私は一遍の真筆という南無阿弥陀仏の六字を刻む名号碑の前で行われた神事を見学した。

午前九時半、朝の冷え込みが残る中で、本宮の神職が石碑の前に酒、塩、野菜、果物など神饌《しんせん》を並べ、彼が奏でる笛の音で神事が始まった。一遍の業績を讃える祝詞《のりと》の後、私も玉串を供えさせていただいた。最後に神職が笛で越天楽《えてんらく》を吹奏、月例祭は二十分ほどで終わった。

熊野本来の姿

名号碑の脇に本宮大社の先代宮司、九鬼宗隆《くきむねたか》氏（故人）の手になる顕彰文を彫った石碑が建つ。前半は一遍の生涯の紹介である。

一遍上人は伊予国（愛媛県）の豪族、河野一族の一員として延応元年（一二三九年）に生まれた。幼名は松寿丸《しょうじゅまる》、出家して法名を随縁《ずいえん》、のち智真《ちしん》と改めた。苦修練行すること多年、浄土教の奥義《おうぎ》を極めたが心に満たないものがあり諸国を巡礼した。文永十一年（一二七四年）熊野本宮に祈念し、大神の霊告を感得し、独一念仏〔仏と我が「南無阿弥陀仏」の名号を媒体にひとつになること。唯一念仏ともいう＝筆者注〕を開いた。以後、一遍と称し、全国を遊行《ゆぎょう》・賦算《ふさん》〔念仏札を配る〕、悩める者を助け、病める者を救い、民衆に和と慈愛を説いた。正応二年（一二八九年）齢《よわい》五十一歳にして神戸で往生。宗派を形成することなく亡くなり、後に時宗の開祖となった。

あらましそんなことが書かれている。

一遍に関連する文書には「時宗」「時衆」と二通りの言葉が出てくる。時衆は本来、個々の僧尼を指すが、時宗が宗派の名として確定する江戸時代以前は、宗派（教団）も時衆と呼ばれた。

顕彰碑で私が注目したのは先代宮司の締めの言葉だ。


時宗独一念仏開顕《かいけん》の源泉たる熊野本宮の聖地に一遍上人の聖徳を偲《しの》び今日上人真筆の名号碑を建立、熊野大神の御神意を敬仰し念仏の衆徒を初め信不信を問はず謹《つつし》みて神勅独一念仏の功徳を念願するものなり

昭和四十六年四月十四日　九鬼宗隆

名だたる神社の宮司が仏徒をほめたたえる碑を聖地に建てる。疑問や反対はなかったのだろうか。宗隆氏の長男で現宮司の九鬼家隆氏に聞いた。

「それはありました。先代が上人の名号碑の建立を思いついたのは昭和四十一、二年頃。『熊野は神仏一体の地』ととらえていた父は、それを形として後世に残したいと、大斎原に石碑を建てることを考え、皆さんの協力を求めたのです。時衆や地元の方々は賛同してくださったのですが、神社界の一部から反対の声も上がりました」

大斎原の一遍上人名号碑の前で読経する熊野山伏（本宮大社の例大祭で）

「それはそうでしょうね。どんな理由でしたか」と私。

「『明治以降、神仏分離の流れの中で、なぜ今さらそういうことをするのか理解できない』ということです。批判は建立後も一、二年続きました」

「お父さんはどう反論されたのですか」

「『熊野のことをよく知らないで反対しているのではないか。神仏分離は一時的だが、熊野は過去も未来も神仏一体だ。私は熊野を本来の姿にしたい』と全力で訴えたようです。その気迫に押されたのでしょう。

父は神祇、神道はもちろん、仏に対する思い入れも深い人でした。

『神だけでなく仏があって初めて熊野になる』といつも言っていましたね。本宮に僧侶が参拝されると必ず声を掛けていました。見ただけでその宗派がわかるのです。父の通夜は神式でしたが、祖母と一緒に菩提寺の隆興寺《りゅうこうじ》（京都府綾部市）に眠っています」

このあとに触れるが、一遍は僧侶でありながら神社や神祇に思い入れが深かった。神職ながら仏を重んじる九鬼宗隆氏とちょうど裏表である。一遍の本宮参拝と先代宮司の名号碑建立の間には七百年の歳月が流れる。その時空を超えて二人の想いが結びついたのかもしれない。

九鬼家隆宮司によれば、こんなこともあったそうだ。

二十数年前のこと。熊野川の水害対策として、大斎原とその対岸の備崎《そなえざき》の土地を削って水を流れやすくする構想が持ち上がった。それに対して宗隆氏は絶対反対、当時の県の担当者に「やるのだったら私の命を取ってからにしろ」と発言したという。かけがえのない文化財を守ったその言葉は、「誰が何と言っても（一遍の名号碑を）建てる」という迫力と通じている。

本宮大社例大祭の日に

毎年四月十三日から十五日の本宮大社例大祭の最終日、大斎原で熊野修験者による護摩焚《ごまた》きが行われる。子どもたちが「大和舞」「巫女《みこ》舞」を奉納、神事が終わると山伏たちの出番だ。結界《けっかい》の外にいる山伏が本物かどうか確かめる山伏問答が面白い。もうもうと燃える火を一遍上

本宮例大祭の最終日、大斎原で奉納される巫女舞

人の碑が見下ろす光景は、先代宮司の言う「神仏一体」を感じさせた。

第二章　山中の出会い

——布教の自信を失う

一遍の熊野参詣

その地で成道《じょうどう》（悟りをひらく）した一遍上人の熊野参詣には、ふたつの重要場面がある。平安時代に上皇や法皇が通った中辺路《なかへち》山中で僧に出会う場面と、布教に迷った彼が本宮大社で熊野権現の神勅《しんちょく》を得る場面である。ともに『一遍聖絵』（清浄光寺《しょうじょうこうじ》＝遊行寺《ゆぎょうじ》蔵）に描かれている。

『一遍聖絵』は一遍の没後十年になる正安元年（一二九九年）に成立したとされる絵巻物の傑作である。彼の弟子聖戒《しょうかい》が詞書《ことばがき》を、画僧円伊《えんい》が絵を描いたというが、実際は専門工房が生みだした作品のようだ。

令和がスタートして間もない二〇一九年五月九日、私は京都国立博物館で開催された『国宝一遍聖絵と時宗の名宝』展でその実物を拝観した。

横長のケースの中に広げられた聖絵は縦幅が予想以上にあり、迫力満点だった。熊野参詣の場面は図録や本では「山中」「本宮」「新宮・那智」と分けられて掲載される場合が多い。しかし実物は絵が一続きで、「山中」と「本宮」の間は峨峨《がが》たる山塊が、「本宮」「新宮」の間は参詣者が熊野川を小舟で下る様子が活写されている。上皇や法皇と同様に一遍も舟で新宮（速玉《はやたま》大社）に向かったのであろう。「新宮」や「那智」に一遍らしき姿はなく、熊野の場面は本宮に焦点を当てたものであることがわかる。

一人の僧との出会い

文永十一年（一二七四年）夏、高野山に詣でた一遍は熊野に向かう。超一《ちょういち》（妻）、超二《ちょうに》（娘）、念仏房《ねんぶつぼう》（従者）の三人を引き連れ、それぞれ僧衣に身を包んでいた。

本宮にもうすぐという曲がりくねった山道で、一行は女人や従者を先導する僧に出会う。そのくだりを『一遍聖絵』の詞書は次のように語る（『国宝　一遍聖絵』〈神奈川県立歴史博物館編集・遊行寺宝物館発行、二〇一五年〉の詞書「大意」）。

（聖は山中で）一人の僧に出逢います。聖は念仏を勧めながら「一念の信心をおこして、南無阿弥陀仏と唱えて、この札をお受けなさい」と言われます。僧は「今一念の信心がおきません。それなのに受ければ妄語〔嘘をつくこと＝筆者注〕の罪を犯すことになってしまう」と言って受け取りません。聖は「仏の教えを信じる心はありますでしょう。あれば

熊野山中で一人の僧と出会う　出所：国宝『一遍聖絵』第三巻第一段（清浄光寺【遊行寺】所蔵）

どうしてお受けにならないということがあるのですか」。僧の言うことには「経教〔経文に書かれた教え〕を疑うわけではありませんが、信心がおきなければどうしようもないことです」と。その時何人かの熊野参詣の道者〔修行者や参詣する旅人〕が集まってきました。もし、この僧がお札を受けなければ、道者は、みな受けないだろうと思いましたので、本意ではありませんが「信心がおきなくてもお受けなさい」と言って僧に札をお渡しになるのです。これを見て道者はみな札を受け取りました。僧は何所《どこ》へ行ったか行方がわかりませんでした。

これよりさき、大阪の四天王寺で初めて「南無阿弥陀仏」と書かれた念仏札を参拝者に配った〔賦算という〕一遍にとって出鼻をくじかれる出来事だった。まして相手が僧侶だったことはショックで、彼は布教の自信を失いかけた。二人の僧の邂逅《かいこう》は、本宮で熊野の神に悩みを打ち明け権現の一言で目覚める場面へと物語を導く。

高僧と対する捨聖

『一遍聖絵』第三巻第一段の山中の場面は、画面の右半分で一遍と「一人の僧」の出会いを、左半分には大岩、深い谷、松の大木と熊野山中らしい風景を描いて、出会いを引き立たせる心憎い構図となっている。一遍一行は右手から狭い山道を登り、女人を引き連れた僧は、本宮参拝を終えた帰途らしく、左手から下ってくる。その後ろの道は桟道《さんどう》（木を組み合わせて作った道）で、熊野参詣の厳しさを物語る。

絵巻物は普通、主人公を目立たせる。ところが『一遍聖絵』は「一人の僧」を一遍より大きく描いている。そのうえ坂道の上方にいるので、一遍を威圧するかのようである。

彼が名の通った僧らしきことは、壺装束《つぼしょうぞく》に市女笠《いちめがさ》という二人の女人の衣装でわかる。笠には足元まで垂れる「むしのたれ衣《ぎぬ》」を付けている。後ろに三人の従者を従えているところからも高貴な女人であろう。となると「一人の僧」は貴族の子女の熊野詣の先達《せんだつ》役だったかもしれない。

一遍のもう一つの絵伝である『遊行上人縁起絵』（僧宗俊《そうしゅん》の編述といわれ、『一遍上人絵詞伝』なども同系の絵巻物）では、一遍は熊野山中で「律僧に行き逢《あ》った」と書かれている。律僧《りっそう》は律宗の僧で戒律を重んじた。京か南都の高僧を思わせる。

この場面、私には一遍が「一人の僧」「律僧」に押され気味に映る。年齢も身なりも相手が上。それに態度も悪くない。「一念をおこしてこの札を受け取れ」と偉そうに迫る小汚い捨聖《すてひじり》風の人物に対し、「そんなもの」と一蹴《いっしゅう》してもよさそうなところだ。しかし彼は丁寧に対応し、最後は念仏札を受け取ったのだ。

「経文を信じないわけではないが、今は信心がおきない。それなのに受け取れば、（悪のひとつである）嘘をつくことになる」という言葉は、一遍に「さあ、どうなんだ」と問答を挑むような鋭さがある。一遍はまともな返答ができず「とにかく受け取って」と強引に渡す。ひやひや、どきどき、打ちのめされた思いだったのではないか。

権威に距離を置く生き方

武士の血を引く一遍には、「無駄な戦い」「無益な強引さ」を避ける知恵と配慮があった。後のことだが、警備の武士に鎌倉入りを拒まれ、暴力さえ加えられた。それなのに強引な突破を避け、鎌倉の外で布教した（『一遍聖絵』第五巻第五段）。

かの伊勢神宮に詣でなかったのも、崇敬心がなかったというより、僧形、多数で訪れて神職と無用な軋轢《あつれき》を生むことを回避したからだろう。近江国草津で夜半、雷が鳴り風雨が激しくなった。その時彼は「今、結縁《けちえん》のため伊勢大神宮と山王《さんのう》権現がいらっしゃった」と人びとに語る。また尾張国萱津《かやづ》の宿ではこんなことがあった。一遍が「伊勢大神宮が蜂の姿でいらっしゃる」と言った。法要が始まると道場の中は大きな蜂がいっぱいになったが、人を刺すことはなく、法要が終わると飛び去った（第七巻第一段）。

それらの出来事を考えると、熊野山中での「一人の僧」との出会いは一遍が望んだものではない、むしろ避けたかったのではないか。しかし、なにしろ人ひとりすれ違うのがやっとという山道だ。一遍は仕方なく念仏札を渡そうとした。受け取りを断られたことが、本宮での成道をもたらし、一遍をして「わが法門は熊野権現夢想の口伝《くでん》なり」（『播州法語集』）とまで言わせているのだから、世の中はわからない。

一遍の生涯と時衆・時宗の展開を詳細に分析した金井清光氏は次のように述べている。

一遍が賦算にさいし相手に信心と称名《しょうみょう》〔南無阿弥陀仏と唱えること＝筆者注〕を要求したのは、相手が僧侶であったからである。一般民衆に対しては一遍は無条件で札を渡していたが、出家者に対しては各宗の領解《りょうげ》〔悟ること〕を捨てさせるため信心・称名という前提条件をつけた。（『一遍と時衆教団』角川書店、一九七五年）

なまじ仏教知識や学問のある人は阿弥陀如来にわが身をゆだねる無我無心になりにくい。しかし布教にあたって民衆と僧侶を区別した、という解釈はどうだろうか。布教の旅に出て間もない一遍に、相手によってやり方を変える余裕や方策はなかったのではなかろうか。むしろ権威やエリートから距離を置いたというほうが彼の生き方に合う。

第三章　出会いの場所

――悪四郎山頂の直下か

外国人とよく出くわす中辺路

一遍が中辺路の山中で律僧と「運命の出会い」をした場所はどこだろうか。『一遍聖絵』はその写実性が高く評価されている。だから『聖絵』第三巻第一段に描かれた場面に似たところを探せば、候補地を絞れそうだ。そこから御山《おやま》（熊野の霊域）となる滝尻王子《たきじりおうじ》から本宮近くの発心門《ほっしんもん》王子まで、「ここではないか」という場所がいくつか挙げられてきた。

『聖絵』を見ると、本宮に向かう一遍一行は緩やかなカーブ状の山道を画面の右手からのぼってきた。一方、僧は「市女笠」姿の女性二人、従者らを率いて左手から降りてくる。本宮参拝を終えた帰途であろう。画面の山側は大岩が露出しガレ場も見える急斜面、谷側は絶壁で、背後には空中に桟道を築いた個所もある。

中世史が専門の戸田芳実氏は『歴史と古道』（人文書院、一九九二年）の中で次のように語っている。

現存する古道中辺路の滝尻から発心門の区間で、このような地形がみられるところを、現地の所見により敢《あ》えてもとめるとすれば、この山系の最高峰悪四郎山《あくしろうやま》の頂上直下を通るあたりが、それにもっともふさわしいように思われる。

「いくつか候補地を見たが、戸田先生ご指摘の場所が一番それらしい」という松本純一氏（世界遺産熊野本宮館元館長）の案内で、二〇一八年十月二十九日、現地を訪れた。

高原熊野神社と南方熊楠が保存に一役かったという大楠

本宮から田辺へ向け国道３１１号を西に走り、滝尻王子の手前、中辺路町栗栖川《くりすがわ》で国道と別れて左折、高原地区にのぼる。そこに鎮座する高原熊野神社には紀州が生んだ知の巨人、南方熊楠《みなかたくまぐす》が神社合祀反対運動の中で取り上げた大楠が天に延びる。「高原霧の里」からは果無《はてなし》山脈へと続く山並みが一望でき、棚田との取り合わせが美しい。

高原から狭い林道を二十分ほどの

ぼり、悪四郎山の中腹に車を止めて、十丈《じゅうじょう》王子まで歩いて中辺路に出た。滝尻王子から古道をたどるのが本筋だが、時間と手間をカットしたのである。

　中辺路は外国人が多い。この日もわずか一時間余りの散策で五組に出会った。フィンランド、オーストラ

中辺路で出会ったオーストラリアからのパーティー

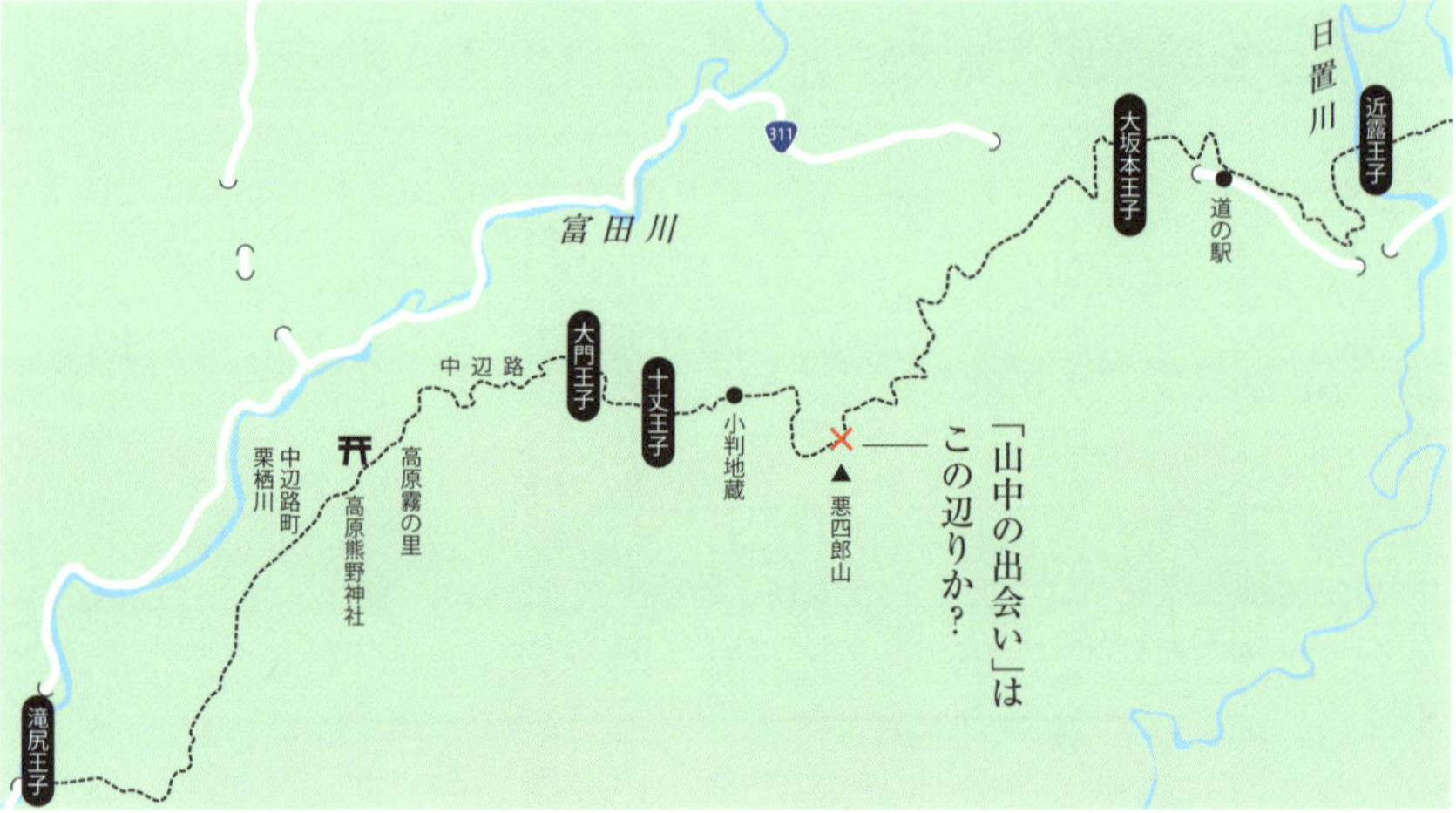

リア、ニュージーランド、英国、シンガポールとさまざま。オーストラリア・メルボルンから来て、九日間で高野山—熊野古道—伊勢神宮を回るという七人ほどのグループの一人は「みんなトレイル（山野歩き）が好き。この時期はメルボルンカップ（有名な競馬のレース）に世界中からわんさと押しかけるから、逃避でもあるね」と笑った。

中国人の日本旅行は団体が主だが、熊野にやってくる外国人はおおむね小グループか個人である。スペインのサンティアゴ・デ・コンポステーラ、フランスのルルドなどの聖地への巡礼と熊野の巡礼道を重ね合わせ、紀伊半島の海と山を楽しむのだろう。私は熊野灘を望む三重県熊野市波田須《はだす》町に暮らして九年目だが、熊野古道伊勢《いせじ》路が通るそこでも大きなリュックを背負った外国人をしばしば見かける。

「出会いの場」と思われるところ

閑話休題。『一遍聖絵』に戻ろう。十丈王子から七百八十二メートルの悪四郎山の稜線をたどる。道脇に「小判地蔵」と名付けられた小さな地蔵が祀《まつ》られている。嘉永七年（一八五四年）七月十八日、飢えと疲労のため小判を口にくわえたままここで亡くなった巡礼者を弔って建てられたという。「悪四郎屋敷跡」と書かれた看板もあった。「江戸時代の道中記に『昔十丈四郎と云者《いうもの》住し処《ところ》なり』とあり、そこがここだと見られている。『悪』は勇猛で強いという意

悪四郎山・山頂の直下、山道がカーブしているこのあたりが「出会いの場」だろうか

味」とある。地名や山名は彼の言い伝えと絡んでいた。

車を置いて歩き始めて約三十分。松本氏が「このあたりです」と言った。山道がS字状のカーブになっており、本宮方面に向かって右手は急な斜面、左手は切り立った崖になっている。斜面の木々は細く立ち枯れも目に付く。たびたび崩れたためだろうか。実際、その年の夏に紀伊半島を襲った台風で道の一部が流され、その上側に迂回路が作られた場所も近くにあった。

道の谷側にはあちこち石積みがなされ、路肩の崩壊を防いでいる。『一遍聖絵』で桟道だったところは、後年に路肩を石積みで補強した道になったのであろう。古木がまばらに立つ程度の絵巻物と比べて杉や檜《ひのき》の林は谷側の見通しをきかなくしているものの、そこは戸田氏が「かつての原生林の中の道は、絵巻の場面のようだったのではないかと思われる」と書いた通りの場所だった。『一遍聖絵』の山中の場面には、右の人物の頭上に「一遍聖」、彼に向き合う僧に「権現」と筆書きしてある。僧に名号札の受け取りを断られ、強引に渡したものの布教に行き詰まった一遍は証誠殿《しょうじょうでん》の前で熊野権現から「信不信を選ばず、浄不浄を嫌わず、その札を配れ」と諭《さと》され、他力本願の本質をつかむ。そこに導いた僧は熊野権現に違いあるまい――。「権現」の文字はそう思った人が後世に書き加えたものだろう。だが山中で出会った僧と熊野権現とは異なると考えたほうがいい、と私は思う。

すべて、一遍上人のおかげ

帰路、足元に細長い濃い青色の生き物がいた。二十センチメートル以上もあろうか。小蛇かとぎょっとしたが、松本氏は「日本にいる最大級のミミズ、シーボルトミミズですよ。このあたりではカンタロウミミズと呼び、これを切って鰻を釣る餌にします。体から飛び出す白い液体に毒があるといわれていますが、実際はないそうです」と解説してくれた。

七百余年前に描かれた絵巻物の舞台らしき場所に立ち、ちょっと高揚した私は十丈王子で小松勇二郎氏と出会った。台風でトイレの脇にある手洗い水の導管が壊され、ボランティアで直しているという。彼の家は私たちが車を置いたところにあった。そう言えば、石垣やコウゾ・茶の木など人が住んでいた気配が残されている。

「私が小さいころここには人家が五軒あって、我が家は旅館を営んでいました。十丈はあちこちの村から来る人たちが出会い、往来が盛んだったのです」

「十丈王子には、『御殿屋敷』といわれそこに手を付けてはいけないと言い伝えられた一角があります。昔、熊野詣をした上皇や法皇がお泊りになった建物があったそうです」

「ここで取れるコメは山水を使っているので美味《おい》しいと評判だった。里の農家の中には自分の田んぼのコメをほかに回して、ここの段々畑のコメを買いに来た人もいました」

熊野古道の国際化、南方熊楠の足跡からシーボルトミミズとの出会いまで。一遍上人のおかげで、いろいろなことを知った一日だった。

第四章　権現の神勅

——本地は阿弥陀如来

まどろみの中での悟り

次はいよいよ本宮大社で一遍が神勅を授かる重要場面である。少し長くなるが、ここも『国宝　一遍聖絵』から、詞書の「大意」を紹介しよう。

聖はこの出来事〔「一人の僧」から念仏札の受け取りを断られたこと＝筆者注〕についてつくづく思いをめぐらします。これには何か深い意味があるのでしょう。念仏を勧める心構えについて、仏のお示しを仰ぎたいとお思いになって、本宮証誠殿《しょうじょうでん》の御前において願いを立て、祈り加護を請うのです。目を閉じて、まだうとうとともしないうちに、御殿の御戸を押し開いて、白髪の山伏が長頭巾《ながときん》をかけて現れたのです。長床《ながとこ》には山伏三百人ほどが頭を地に着けて敬礼申しあげています。聖はこの時これが熊野権現でいらっしゃるとお思いになり、信仰しきっていますと、山伏は聖の前に歩み寄られて言われ授けるには、「融通念仏を勧める聖よ、何と念仏を誤って勧めになるのですか。御房の勧めによって一切衆《しゅ》生《じょう》がはじめて往生するものではありません。阿弥陀仏が十劫《じゅうごう》の昔〔遠い昔〕に悟りを開かれた時、すでに一切衆生の往生は南無阿弥陀仏により決定しているのです。信と不信を区別せず、浄も不浄もきらわず、その札を配りなさい」〔詞書では「信不信をえらはす浄不浄をきらはすその札をくはるへし」〕とお示しになりました。後に目を開いてご覧になりますと、十二、三歳ほどの童子が百人位来て手をささげて「その念仏の札を受け取りましょう」といって札を受け取って、南無阿弥陀仏と申して、どこへともなく立ち去って行きました。（中略）この童子たちも熊野の王子たちがお受けになったものであろうかと、後になって思い合わされる点があったようです。聖は「熊野大権現の神託を授かった後は、いよいよ他力本願の深いお心をいただくことができた」と後にお話になるのでした。

『一遍聖絵』には熊野川・音無川・岩田川が合流する中洲にあった社殿の全貌が詳細なタッチで描かれている。回廊で囲まれた、向かって左手の大きな建物は熊野夫須美《ふすみ》大神（結宮《むすびのみや》）。那智大社の主祭神）と速玉大神（早玉《はやたま》明神。速玉大社・新宮の主祭神）を祀る相殿《あいどの》だ。手前の立派な礼殿《らいでん》には山伏たちが居住し、彼らは長床衆と呼ばれた。

画面中央に描かれている比較的小さな建物が本宮の主祭神・家津御子《けつみこ》大神を祀る証誠殿である。よく見るとその前に白衣の人物が立ち、一遍がひざまずき彼に手を合わせている。一遍の微睡《まどろみ》の中で「信不信を選ばず、浄不浄を嫌わず、その札を配るべし」という神勅を与えた熊野

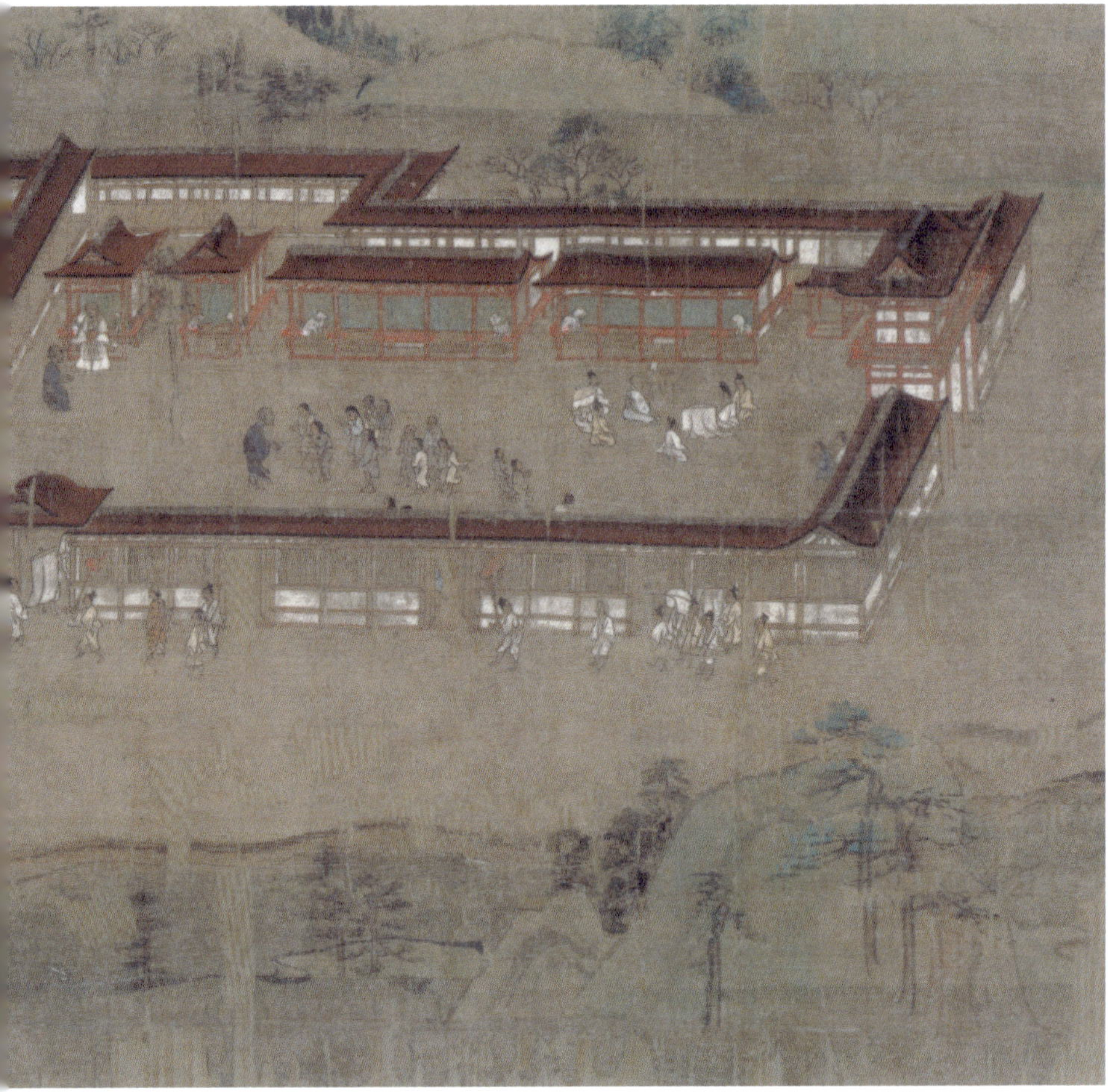

本宮で熊野権現の神託を受ける　　出所：国宝『一遍聖絵』第三巻第一段（清浄光寺【遊行寺】所蔵）

本宮・証誠殿前での神託（拡大図）

権現である。

宗俊本といわれる『一遍上人縁起絵』では、熊野権現は茶色の服に頭から長い「ひれ」を垂らした姿で現れ、一遍は片膝礼《かたひざれい》（片膝を立てたおじぎ）で神勅を受けている。『一遍聖絵』に戻ると、こちらも回廊で囲まれた右手の中庭には一遍から念仏札をもらう童子たちが書かれている。夢の中に現れた権現の御子神（王子）たちであろう。

ここで注目されるのは『一遍聖絵』に描かれた本宮は相殿と、証誠殿を含む右手の社殿との間に回廊が築かれ両社を分けていることである。江戸時代の絵図にはこの回廊はなく、社殿が横に並ぶ今の形になった。なぜ社殿を分ける回廊があったのかはよくわからないが、『一遍聖絵』は鎌倉時代の社殿配置を表すとともに、本宮の初期の神々のありようを示唆する貴重な史料ともなっている。

神の本体は仏

「神々」が登場したところで、本宮における「神と仏」について触れておこう。

熊野はこの国の宗教の特徴である神仏習合（神仏混淆《こんこう》）が今によく残る地域だ。古来の神祇信仰に渡来した仏教が混じりあった信仰で、奈良時代から徐々に形成され、平安時代に「本地《ほんじ》垂迹《すいじゃく》」説が広まった。「神は仏が人びとを救うため、仮の姿でこの世に現れた」というもので、仏教優位の考えだ。「権現」も「本地垂迹」を基にしており、仏が仮の姿で現れる神号のひとつである。

一遍の熊野参詣から百四十年さかのぼった長承三年（一一三四年）、時の権中納言・源師時《みなもとのもろとき》は鳥羽上皇に随行して熊野を詣でた。彼の日記『長秋記《ちょうしゅうき》』の同年二月一日条によれば、師時は本宮で先達《せんだつ》を招き「熊野の神々の本地仏はなにか」と尋ねた。先達の答えは「（本宮主祭神）家津王子の本地は阿弥陀仏」「（新宮主祭神）早玉明神は薬師如来」「（那智主祭神）結宮は千手観音」というものだった。先達は熊野三山への旅の案内人で、山伏や僧侶が務めることが多かった。

付け加えると、この時先達は家津王子（家津御子）は法形、つまり僧侶の姿をしていると解説した。阿弥陀如来の浄土とされた本宮が当時「仏教優位」だったことの例証でもある。

極楽浄土としての本宮

上皇や法皇が盛んに熊野詣をした平安時代以降、熊野本宮は阿弥陀如来の浄土として崇拝された。白河上皇九回、鳥羽上皇二十一回、後白河上皇三十四回、後鳥羽上皇二十八回という熊野御幸《ごこう》は現世の安寧と極楽往生を阿弥陀如来に願う旅だったのである。

一遍の熊野への旅の目的が阿弥陀如来への祈りであったことは間違いあるまい。本宮の証誠殿は、阿弥陀仏の救いを証明する場所だった。中辺路山中で布教への自信を失いかけた一遍は、すがる思いで証誠殿の前にひざまずき、阿弥陀如来に「自分はどうすればいいか」を問うたのだ。

夢の中で聞いたその答えを私なりにやや意訳するとこうなる。

「あなたの布教の仕方は間違っている。阿弥陀仏は全ての人びとを極楽に導くのだ。自分の計《はか》らいで人びとを救えるというのはおこがましい考えだ。もっと謙虚に、すべてを阿弥陀仏にゆだね、相手が（名号を）信じようと信じまいと、清浄であろうと不浄（穢《けが》れ）であろうと、だれかれの区別なくその札を配りなさい」

熊野権現にそう諭され、一遍のもやもやは晴れた。『一遍聖絵』の詞書が「いよいよ他力本願の深意を領解せり」という彼の言葉を載せているのは、自分の力や努力を捨て、一切を阿弥陀如来の手にゆだねるという決意でもあろう。

山伏姿の権現

熊野の神が山伏姿で現れたというのはどういうことか。

修験道の聖地のひとつ熊野の本宮には山伏がたむろしていた。長床の長《おさ》やお抱えの巫女が参拝者に「神のお告げ」を伝えることも少なくなかったろう。

一遍の場合、熊野権現自身が言葉をかけたことは注目される。熊野権現は託宣や示現《じげん》の際、全身を登場させるとは限らない。本宮の旧社地・大斎原では狩人の前に「三枚の月」として現れた。また証誠殿で白河上皇や鳥羽上皇の前に示現したのは「御簾《みす》の下から差し出され、二、三度打ち返された、たおやかな手」（『愚管抄』や『保元物語』による）で、鳥羽院への託宣は翌年の死の予言という厳しい内容であった。

一遍が人の姿の権現を見たとされるのは、山伏という具象を通じて本地の阿弥陀如来の諭しを受けたことで自分を納得させ、他人にも「他力本願」を実感させるねらいがあったのではなかろうか。

第五章　浄不浄を嫌わず

——業病者をあえて描く

神勅の謎

本宮・証誠殿前での熊野権現の神勅には謎がある。

一遍は熊野山中で「一人の僧」から「今一念の信心がおきない」という理由で念仏札の受け取りを拒まれ、ショックを受けた。それに対する「回答」ならば、「（相手の）信不信を選ばず（札を配れ）」だけでよさそうなものだ。しかし権現は「浄不浄を嫌わず（札を配れ）」と付け加えた。

いや正確に言えば、微睡《まどろみ》の中で一遍の耳に権現の声が「そう聞こえた」ということだろう。さらに言えば、一遍はその本地が阿弥陀如来である熊野の神の口から「浄不浄を嫌わず」という言葉をもらいたかったのだ。彼が熊野権現を「利用した」のかどうかはともかく、一遍が「浄不浄を区別・差別しない」ことにこだわり、神勅を旗印にその後、精力的に布教行脚《あんぎゃ》を続けたことは間違いない。

当時の「不浄」観

では「不浄」とは何か。それは状態と存在の二つに分けられよう。状態は死穢《しえ》（死の穢《けが》れ）に触れたり、女性に月のものが訪れたりすることを指す。いわゆる黒不浄や赤不浄である。京の皇族や貴族たちは不浄を極端に恐れた。ましてや聖域をめぐる熊野詣では自身を清浄に保つことが重要とされた。出発前に精進屋《しょうじんや》にこもり身を清めたり、道中の川や海岸で禊《みそぎ》をしたりしたのはそのためである。

日記『中右記《ちゅうゆうき》』の筆者、藤原宗忠《ふじわらのむねただ》は天仁二年（一一〇九年）十月二十六日、齢《よわい》四十八にして初めての熊野参詣を果たした。若い時分から何度か試みたが、精進屋に「犬死穢」を引き入れたものがあったり、叔父の死にぶつかったりして、それぞれ断念せざるを得なかった。それだけに念願を果たして証誠殿に参拝した感激を「落涙《らくるい》抑え難く、随喜感悦《ずいきかんえつ》せり」と記している。

だが一遍は、貴族たちの過剰な反応や感激に興味はなかったろう。彼の関心は不浄の「状態」よりも不浄とされる「存在」そのものに向けられていた。具体的に言えば女性、非人、病者などである。

世間で「そのままでは極楽往生できない」「前世の業《ごう》を背負う穢れた存在」とされた人びと

も阿弥陀如来の前では常人と平等にすべて救われ、極楽に導かれる。それにはただ「南無阿弥陀仏」と唱えさえすればいい。一遍の思想の革命性はそこにあった。

金井清光氏は『一遍と時衆教団』の中で「浄不浄とは浄と不浄、すなわち僧と俗、男と女、良民と賤民《せんみん》を意味する」と書いているが、僧侶が浄で市井《しせい》の人たちは不浄という認識は一遍になかったのではなかろうか。

女性と熊野詣

熊野詣は女性に人気があった。鳥羽上皇の中宮だった藤原璋子《しょうし》（待賢門院《たいけんもんいん》）は上皇の熊野詣に同行したほか単独行も含めて十三回も参拝したという。

女性だけの参詣も古くからあったようだ。『中右記』には、紀伊路を南下し道成寺を過ぎて、日高川を渡った時、こんなことがあったと記されている。熊野参詣を終えて京へ帰る女人三人が雨で増水した川を渡り切れず、河岸で困っていた。宗忠は自分たちがそれに乗って渡ってきた馬を差し向け、菓子も与えた。

確かに熊野は女性の入山を拒否する修験道や「赤不浄」にも敏感な伊勢神宮に比べれば女性に開かれていた。しかしそこも時代の共通認識から自由だったとは言えまい。

インドで生まれた仏教には、女性には罪が多く、男性より劣った存在であるという考えがあった。たとえば「法華経」では、女性は生まれながら五つの障《さわ》りがあるため梵天王《ぼんてんおう》、帝釈天《たいしゃくてん》、魔王、転輪《てんりん》聖王、仏陀になれない、とされた。そして五障の身である女性が成仏するためには男性に転換する必要がある、と説いた。これを「変成男子《へんじょうなんし》」という。

勝浦令子氏は「中世に成立・発展した多くの宗派でも、強調する点や、取り上げ方の相違はあるものの、女性の罪業観を前提に救済を説く仏教女性観が全体的に引き継がれていった」と述べている（『古代・中世の女性と仏教』山川出版社、二〇〇三年）。

阿弥陀如来の救済を信じ、念仏を唱えることで極楽往生ができると説いた浄土教も、時代や人によって濃淡はあろうが、女性差別観の影響を受けていたようだ。「熊野後」の一遍の遊行には多くの女性や尼僧が同行した。また彼の教えで発心し、帰依《きえ》する女性も少なくなかった。それは熊野で目覚めた一遍が「浄不浄を嫌わず」すなわち「阿弥陀仏の前での平等」を身をもって示そうとしたからに他ならない。

そこここに病者を描く

『一遍聖絵』には、門前や市場、「踊り念仏」の現場などに乞食や非人と思われる人物がそこここに描かれている。遊行についてくれば食べ物にありつける、という思惑もあったろう。だが社会から蔑視された人物をあえて画面に入れるということは、彼らが同じように賦算の対象

片瀬の館の御堂で別時念仏　左手前に貧者や病者が描かれている
出所：国宝『一遍聖絵』第六巻第一段（清浄光寺【遊行寺】所蔵）

であり、救済が約束された存在であることを強調したかったからであろう。

その最たるものは病者、とりわけ癩病《らいびょう》（ハンセン病）患者であった。癩病は前世や過去の悪《あく》業《ごう》によってもたらされた業病《ごうびょう》とされ、その患者は社会ばかりか身内からも見捨てられて、治療の手立てもないままに死を待った。


熊野には病者や癩者が「最後の救いを」求めてやって来た。建仁元年（一二〇一年）、後鳥羽上皇の熊野御幸に随行した藤原定家《ていか》は紀伊路の松代《まつしろ》王子で胸に赤子を抱いた盲女に出会った。戸田芳実氏は「『高山寺《こうさんじ》明恵上人行状』に〔鎌倉初期の僧＝筆者注〕明恵が紀州下行のとき藤代王子で仮舎《かりや》にいる癩病人を見た話があるから、熊野詣と癩者のつながりは時宗以前から始まっていたのかも知れない」と述べている（『中右記』そしえて、一九七九年）。


一遍もこうした不幸な人々に出会って、痛ましい思いにかられたことだろう。

それにしても驚くのは、『一遍聖絵』に癩者や乞食と思われる人が描かれている場面が多いことだ。癩者はくずれたところを隠すためか、顔を白布で覆う姿で描かれることが少なくない。

病者や貧者は、①四天王寺に参籠（文永十一年・一二七四年）、②妻の出家に怒った吉備津宮《きびつのみや》神主の子息が一遍を追う場面（弘安元年・一二七八年）、③京の因幡堂《いなばどう》（同二年）、④信濃国佐久伴野《ともの》での念仏の場面（同年）、⑤こぶくろ坂で鎌倉入りを拒まれる場面（同五年）、⑥片瀬の館で念仏する場面（同年）、⑦関寺（滋賀県大津市）での踊り念仏の場面（同六年）、⑧京都の四条京極釈迦堂《しゃかどう》での踊り念仏と賦算の場面（同七年）、⑨京都の空也《くうや》上人の遺跡市屋に道場を作り踊り念仏する場面（同年）、⑩洛西桂に移る場面（同年）、⑪但馬《たじま》（現在の兵庫県）のくみの海辺で念仏道場を作る場面（同八年）、⑫美作国《みまさかのくに》（同じく岡山県）一宮の場面（同年）、⑬如一《にょいつ》上人往生の場面（同九年）、⑭淡路志築《しちく》天神（同じく兵庫県）参詣の場面（正応二年・一二八九年）、⑮兵庫観音堂で弟子であり『一遍聖絵』の編者でもある聖戒と再会する場面（同年）など、たくさんのシーンに登場する。

白覆面姿は犬神人《いぬじにん》（神社の雑役などにあたる下級神官）の場合もあるから、そのすべてが癩者ではなかろう。だが熊野参詣以降の『一遍聖絵』に編者の聖戒や絵師の円伊が、業病に苦しむ者たちや貧者・非人ら社会からはじかれた人びとを「あえて」数多く描きいれたことは、一遍の意をくみ、絵巻を見る人たちにその思想を伝えようとしたとしか思えない。

懐の深い神

女人の不浄や業病を厭《いと》わず、救いの手を差し伸べてくれる――。

一遍に続く時衆の人びとの働きもあって、熊野は「懐《ふところ》の深い神」の坐《いま》す聖地として有名になった。小栗判官《おぐりはんがん》の蘇生譚《そせいたん》、和泉式部《いずみしきぶ》の月の障りのエピソードは時衆が作り、広めた話であろう。「信不信を選ばず、浄不浄を嫌わず」という神勅は一遍を助けただけでなく、熊野三山の宣伝や「集客」に大いに役立ったと言える。

第六章　なぜ熊野なのか

――「死」より「再生」の地

熊野をめざしたわけ

これまで見てきたように、一遍は熊野本宮で成道《じょうどう》(悟りをひらく)した。でも「なぜ熊野で」なのか。その前に一遍は「なぜ熊野に来たのか」。それを考えてみたい。

『一遍聖絵』によれば、彼の遊行は文永十一年(一二七四年)二月八日に始まった。それに先立つ文永八年(一二七一年)春には信濃国の善光寺に詣でた。そこで「二河白道図《にがびゃくどうず》」を見て感激し、故郷の伊予でその写しを壁にかけ念仏三昧《ざんまい》の日々を送ったという。

これは画面左段に極楽浄土、右段に現世を描き、その間に人間の煩悩や憎しみを表す火と水の川が流れる、という絵図だ。一心に南無阿弥陀仏を唱えて二河を渡る。一遍は自らそれを願い、人びとにそれを説いた。善光寺は彼の求道《ぐどう》の出発点でもあった。

熊野参詣の前に参籠した大阪の四天王寺は、一遍が初めて念仏札を配った場所である。聖徳太子が開いたとされる同寺は阿弥陀信仰の霊地であり、その西門は極楽浄土の東門に接していると言い伝えられてきた。四天王寺で成道したとしてもなんらおかしくない。

熊野は「死者の国」？

それなのに「なぜ熊野で」なのか。諸説あるが、「熊野は死者の国、死霊の集まる場所」という考えに立った意見が多いような気がする。

仏教民俗学の泰斗《たいと》、五来重は「私はあえて熊野を『死者の国』とよぶ。それは宗教学的にいえば、死者の霊魂のあつまる他界信仰の霊場だったのである」（『熊野詣』講談社学術文庫、二〇〇四年）と書いている。宗教学者である豊島修氏は著書の題名をズバリ『死の国・熊野』とした（講談社現代新書、一九九二年）。

フランス文学者で美術評論家でもある栗田勇氏は『一遍上人』（新潮文庫、二〇〇〇年）の中で、一遍が熊野で成道した理由をこう解釈している。

熊野詣は、罪障消滅のためと考えられる。死のけがれを浄化して霊となるためである。それを生前にすましておくというのが、熊野詣の根拠であった。ここには、何よりも、「もがり」の意識が強く残っていること、すなわち、いまだ浄化されざる死がひろがっていることを明記しておこう。（中略）死の「けがれ」の中にある人間が往生するとは、どういうことであろうか。彼の熊野参籠は、私には、その意味で、より深い懐疑の旅であったとみえる。さればこそ、「信心おこり侍《はべ》らず」という難題に出逢う。しかし、疑いの深化の底にはじめて覚醒《かくせい》もあり得る。この「もがり」のなかで、「汚《けが》れ」のプロセスにおいても救われなければならぬ。それが、「信、不信をえらばず、浄、不浄をきらはず」という言葉になってきこえてきたのである。

深い思索ではあるが、これまで八年余そこで暮らし、いろいろ取材の旅を重ねた私の熊野は「死霊が集まる死者の国」というような暗いイメージではない。むしろ、眼前に広がる大海、青い山々、抜けるような大空、温かくやわらかい空気、といった明るいイメージである。「死者の国」というのは、「死者が樒《しきみ》の枝を手にそこにのぼる」という那智の妙法山や、那智の浜からの死出の旅である補陀落渡海《ふだらくとかい》、イザナミノミコトの墓所とされる花の窟などの伝承に引きずられた見方ではないだろうか。

私にとって熊野は、「死」より「再生」の地という感覚が強い。京都の寺で修行したのちハーバード大学神学部で学んだという経歴を持つ町田宗鳳氏は「神話や物語の中とはいえ、スサノオだけでなく、神武天皇も、小栗判官も起死回生の復活を遂げたのがすべて熊野であったというのも、この地が一貫して『生まれ清まり』の起こりうる霊的子宮とみなされてきた事実を示している」と語る（『エロスの国・熊野』法蔵館、一九九六年）。

「霊的子宮」とは町田氏らしい表現だが、私には「死（ピンチ）から再生（再スタートを切る）

した地」という解釈のほうが、一遍のエピソードにふさわしいと思われる。

「胎内」としての熊野

熊野を本拠とした山伏（修験者）は白装束に身を包んで山中を抖擻《とそう》（一心に歩くこと）する。命の危険も伴う厳しい修行をするのは擬死体験をして、象徴的な死から生還し、験力《げんりき》（霊験をあらわす能力）を得るようにするためだ。一遍も熊野が山伏にとって聖地であることは知っていただろう。

吉野と熊野を結ぶ大峯奥駈道《おおみねおくがけみち》は昔から山伏たちのメーンルートである。その中間あたり、孔雀岳《くじゃくだけ》と釈迦ケ岳《しゃかがたけ》の間に「両峯分け《りょうぶ》」と呼ばれる拝所がある。密教ではそこから北の吉野側を金剛界《こんごうかい》、南の熊野側を胎蔵界《たいぞうかい》とみなすそうだ。胎蔵は母胎の意で、一切を含有することにたとえられる。

一遍には密教の知識もあったろうから、熊野が母性原理の働く地であるという感覚を持ち合わせていたのではなかろうか。山伏が胎内で生まれ変わるように、一遍も「すべてを包み込む」阿弥陀如来の胎内で悟りを得たのかもしれない。

さきに本宮の主祭神・家津御子の本地仏は阿弥陀如来であることを紹介した。延喜七年（九〇七年）の宇多上皇に始まり、弘安四年（一二八一年）の亀山上皇に終わる熊野御幸は「阿弥陀の浄土」を訪ねる旅であった。一遍はその最終時期に熊野参拝をしたことになるが、彼の目的は当然、本宮の本地仏であった。その成道の地が熊野、なかんずく本宮でなければならない第一の理由はそこにある。

遊行は「捨てる旅」

『一遍聖絵』の本宮の場面は、回廊で囲まれた社殿の手前に熊野川が流れ、岸辺から小舟に乗る人たちが描かれている。上皇や法皇の多くがそうしたように、一遍一行も熊野川を舟で下って新宮（速玉大社）に向かったのだろう。

だが本宮の手前で「一人の僧」に出会った場面、本宮・証誠殿で熊野権現から神勅を受ける場面に比べると、新宮や那智の描写はそっけない。たしかに新宮、那智の社殿や那智の滝は描かれており、鎌倉時代の社殿配置がどうだったかなどを知る貴重な史料ではあるものの、両社や大滝についての言及はない。

新宮や那智の詞書《ことばがき》にあるのは、神勅を受けた後の布教活動への並々ならぬ決意である。一遍は新宮で、それまで連れてきた家族（妻の超一、娘の超二）、従者と別れた。「今はおもうやうありて、同行等をもはなちすてつ」とある。「放ち捨てる」とは激しい言葉だ。

家族を捨て、身を捨て、すべてを捨てようとする心も捨てて、ただ無心で名号（南無阿弥陀

現在の熊野本宮大社　右手が主神・家津御子神（本地・阿弥陀如来）を祀る証誠殿、左手は夫須美神と速玉神を祀る相殿。外国人の参拝も多い

時宗の総本山・遊行寺（神奈川県藤沢市）の境内に立つ一遍上人像
（清浄光寺【遊行寺】提供）

仏）を唱えて、弥陀《みだ》と一体の世界に入る。他力本願を得心した彼のその後の遊行は「捨てる旅」でもあった。

第七章　祖父への想い

――承久の乱で暗転

「神社好き」の僧・一遍

一遍が熊野をめざし、本宮で成道（悟りをひらく）した理由の第一は、そこが「阿弥陀の浄土」だからだった。だが熊野でなければならなかった理由《わけ》はほかにもあろう。

私は「熊野は神仏習合（固有の神祇信仰と仏教の融合）が自然な形で根付いた地だった」ことと、「承久《じょうきゅう》の乱で後鳥羽上皇側につき流罪《るざい》となった祖父河野通信《みちのぶ》への思慕、同じ理由で所領や荘園を失った熊野三山への同情と親近感」を挙げてみたい。

一遍の遊行先を見ると寺院だけでなく、多くの神社を参拝したことがわかる。熊野三山以外で一遍が参拝したとされる神社は、鹿児島神宮（大隅《おおすみ》正八幡宮・鹿児島県霧島市）、厳島《いつくしま》神社（広島県廿日市《はつかいち》市）、吉備津神社（岡山県岡山市）、中山神社（美作国一宮・岡山県津山市）、住吉大社（大阪市住吉区）、松原八幡神社（兵庫県姫路市）、吉備津神社（備後《びんご》国一宮・広島県福山市）、大山祇《おおやまづみ》神社（愛媛県今治市大三島《おおみしま》町）、大和大国魂《やまとおおくにたま》神社（淡路国二宮・兵庫県南あわじ市）、志築《しづき》神社（同淡路市）、三嶋大社（静岡県三島市）などで、諸国の一の宮をまめに訪ねている。人が多く集まる場所で念仏踊りを見せ、念仏札を配る。これが一遍一行のやり方だから、有名社寺を回ることは不思議ではない。だが僧侶である一遍が各地で神社に参拝するのはそれだけではあるまい。彼は「神社が好きだった」のだ。

大隅正八幡宮と呼ばれた鹿児島神宮（鹿児島県霧島市）　一遍はここまで足を延ばした

一遍が参拝した吉備津神社（岡山県岡山市）

生い立ちと神仏観

一遍は延応元年（一二三九年）、伊予国（現在の愛媛県）の豪族河野一族の一人として生まれた。武士の出なのである。

その生家は瀬戸内海の大三島にある大三島神社（現在名は大山祇神社）の神職を務めていたというから、彼も幼少から同社に親しんでいた。その死の前年の正応元年（一二八八年）十二月、一遍は懐かしい大三島神社を訪れた。『一遍聖絵』の詞書はおおむね次のように語る。「聖の祖先はこの社の氏人で、祖父の通信は神の精気を受けて誕生し、その氏人になった。戦場にある時は、あらかじめ神が戦いの勝敗をお示しになった」「聖は俗世間を捨てた修行の身とはいえ、この神の本地である大通智勝仏《だいつうちしょうぶつ》の徳を仰ぎ、読経念仏を捧げた」

大通智勝仏は『法華経』に登場する仏で、はるか昔に王位を捨てて出家し、その息子の一人が仏陀《ぶつだ》になったとされる。

『一遍聖絵』の伊豆三嶋大社参拝場面の詞書には「大通智勝の昔から、その仏が威光を和らげて三嶋の神となってこの国に現われ衆生を救ってきた今日まで、本地垂迹《ほんじすいじゃく》〔神は仏が仮の姿でこの世に現われたという思想＝筆者注〕の本懐を調べてみると、衆生が苦海《くがい》から抜けだすことを勧めるためだから、仏道を修行する人は神の威光を仰ぎ奉らなければならない」と書かれている。

中世史専攻の山田雄司氏は、「これは時衆の修行生活を戒《いまし》めた一遍が作ったという三十六句の頌《じゅ》〔仏を讃える詩句＝筆者注〕である『時衆制誡《せいかい》』に『もっぱら神明の威を仰ぎ、本地の徳を軽んずることなかれ』とあることとも通じる考え方で、一遍の神祇に対する基本的な考え方を示したものと言えよう」と述べている（今井雅晴編『日本の名僧⑪　遊行の捨聖　一遍』吉川弘文館、二〇〇四年の中の「神祇信仰の重み」論文）。

本宮の主祭神家津御子とその本地仏阿弥陀如来をどちらも敬い、その現れた姿である熊野権現から「さとり」を受ける。彼にとってそれは一番自然な形でもあった。

一方、日本史学者の赤松俊秀氏は一遍の神社詣について「智真（一遍）はその生家が大三島宮の祝《はふり》〔神職＝筆者注〕を勤めた家柄であったから、生まれつき神社に縁が深く、遊行の途次に地方の名神大社《みょうじん》に参拝するのは当然であったとも考えられる。しかし源空（法然）・親鸞の教団が神祇不拝でしばしば迫害を受けたことを思うと、智眞のこのような神社参拝には、浄土教の流布を妨げている障害を積極的に除去しようという意図があった」と語る（『新修　日本絵巻物全集　第11巻　一遍聖絵』角川書店、一九七五年の中の論文「一遍智真の生涯とその宗教性について」）。

一遍はなかなかの戦略家だ。時衆のその後の広がりを思うと、そうした「計算」があったかもしれない。

祖父・河野通信と承久の乱

一遍の祖父河野通信は源平時代、鎌倉初期の有名人だった。河野水軍を率い源氏方について功績をあげた。壇ノ浦の合戦では義経を助け、平家を滅亡に追い込む立役者のひとりだった。頼朝の妻、政子の妹を妻に持つ通信は伊予国で最有力の豪族の長となった。

だがその人生は、後鳥羽上皇が鎌倉幕府を倒そうとして失敗した承久の乱（一二二一年）で暗転する。上皇側についた通信は死罪こそまぬがれたものの、みちのくの平泉方面に流された。河野一族は没落し、一遍の父、道広は出家した。一遍も父の命で仏道に入ったが、水軍を率いた武士の血が流れていることは忘れず生涯祖父を尊敬した。そのことは彼が岩手県北上市にある祖父の墓に詣でていることでわかる。一遍の遊行の最北端である。

私は一遍の祖父への思慕を思い起こすため、現在「ひじり塚」と名付けられている通信の墓所を訪ねた。どんなところか、後に紹介したい。

実は熊野も承久の乱で上皇側についた。平安から鎌倉期にかけて熊野三山を統括してきた熊野別当家の一門・一族の多くが上皇方に与《くみ》して深刻な痛手を受けた。荘園や所領を幕府に没収されたからである。

『本宮町史　通史編』（二〇〇四年）は「特に、田辺別当家が受けた影響は大きく、田辺を中心に、西は切目《きりめ》・南部方面、東は近露《ちかつゆ》・本宮方面まで及んでいた影響力を一挙に失い、南部・芳養《はや》・富田方面への地頭勢力の進出を許すことになった」と述べている。

別当家には田辺別当と新宮別当があり、後者の中には幕府方についたり中立を保ったりした人もいたようだ。しかし全体としては、乱後の別当家の衰退は著しく、上皇・法皇や貴族らの熊野詣が途絶えてしまったことと相まって、熊野三山は苦境に追い込まれた。

廃れた熊野詣

熊野御幸や公卿・貴族の参詣が途絶えれば、紀伊路や中辺路に点在していた王子も荒廃する。鎌倉時代の公卿藤原頼資《よりすけ》は生涯二十数回熊野に詣で、その道中記は『頼資卿熊野詣記』と呼ばれている。その寛喜元年（一二二九年）十一月六日条には、山中で盗賊が出没したり狼藉《ろうぜき》が頻発したりする治安の悪さを指摘するとともに、「あちこちの王子はみな破壊され倒されている。法皇の行宮《あんぐう》も壊された」と記し、承久の乱後の熊野古道の荒廃ぶりを嘆いている。

一遍の熊野参拝は一二七四年だから承久の乱から半世紀ほど経っている。頼資卿のころより復興したと思われるが、御幸が盛んだった当時の盛況からは遠かったろう。

配流先の隠岐で亡くなった後鳥羽上皇の火葬塚（島根県海士町）

倒幕に失敗し隠岐《おき》に流されるまで、後鳥羽上皇は計二十八回も熊野に通った。そして延応元年（一二三九年）二月二十二日、配流先でさびしく六十歳の生涯を閉じた。一遍には、上皇の熊野への思い入《はい》れ、京に戻れず最期を迎えた無念さがよくわかったろう。それは同じく配流先で死んだ祖父の無念さへの想いと重なるとともに、河野家と同様に承久の乱で運命が変わった熊野への同情と親近感につながったのではなかろうか。

『一遍聖絵』の熊野三山の部分の詞書には、河野通信の名も承久の乱への言及もない。しかし私には、一遍の成道の舞台はやはり熊野でなければならなかった、と思えてならない。

第八章　ひじり塚

——住職が執念の発見

絵図どおりの墳墓

一遍の祖父・河野通信の墓所と伝えられる古墳は「ひじり塚」(聖塚)と呼ばれ、岩手県北上市稲瀬《いなせ》町水越《みずこし》にある。古くは陸奥《むつ》国の江刺《えさし》郡に属していた。「奥州江刺の郡《こおり》にいたりて祖父通信が墳墓をたつね給《たも》うに」という『一遍聖絵』第五巻第三段の詞書と郡名は合っている。

私がそこを訪ねたのは二〇一八年十月九日だった。東北自動車道の平泉前沢インター、水沢インターを過ぎ、北上市街地の手前にある北上金ヶ崎インターで高速を降りた。県道わきで阿部幹男氏が待っていてくれた。長年の友人で、盛岡市に住む伝承文学の研究者である。

地図によれば北上川の対岸、東方五キロメートルほどだ。国道4号、水量の多い北上川に架かる橋をそれぞれ渡り、東北新幹線のガード下をくぐるとそこは丘陵地。しばらく探して、小高い松林のなかに目的地を見つけた。

『一遍聖絵』の通り、こぢんまりとした円墳である。その頂上に大きな松がまるでお墓の中から空に突き出したように生えている。専門用語では上円下方墳、つまり上が円形、下が方形の

一遍の祖父・河野通信の墓とされる「ひじり塚」（岩手県北上市）

お墓で、周濠《しゅうごう》（堀）もあった。『一遍聖絵』では松林はなく、円墳を囲んで一遍ら二十一人の僧尼がひざまずいて祈りをささげている。

　その一角だけきれいに草が刈られ、「河野通信墓所」と彫られた石柱が建つ。石柱の別面に「世話人　司東真雄」とある。そこから二キロメートルほど北方の国見山《くにみやま》廃寺という史跡の場所にある極楽寺《ごくらくじ》の先代住職で、「ひじり塚」の発見者である。

墓所発見に至るまで

そのいきさつは「河野通信墳墓発見の報告」(『北上市史　第二巻古代（2）・中世』一九七〇年）に詳しい。

地元生まれの司東氏は二十年以上も通信の墓を探し回ったすえ、昭和三十九年（一九六四年）十一月、ついに『一遍聖絵』とそっくりな地形を探し当てた。遠景が似ているだけでなく、現場に行ってまた驚いた。「御絵伝のとおり、田の側が崖になり、崖の真上に濠をめぐらし、上円下方塚であり、御絵伝で一遍上人等十人ばかりが転経念仏しているのと同じ型で同じ大きさである」。

「ひじり塚」という地名はこのあたりに古くから伝わっていた。そこに至る道は「ひじり道」と呼ばれていた。近くの畑の中には正和三年（一三一四年）に蓮阿弥陀仏が建立した石碑が残る。時衆の僧が通信の墓参りをした古碑であろう。

もう間違いない。翌昭和四十年（一九六五年）五月、彼は古代中世史が専門の板橋源氏（岩手大学教授）を現地に案内した。司東氏の「発見の報告」によれば板橋教授は「これは発掘も調査も必要がない。直ちに実測に入ってよい。決定的だ」とお墨付きを与えた。「ひじり塚」はこうして岩手県の指定遺跡になった。

ここで興味深いのは、そこも司東氏が住職だった安楽寺《あんらくじ》の観音堂の本尊が隠岐院《おきのいん》観音と呼ばれていたことである。承久の乱（一二二一年）に敗れた後鳥羽上皇は隠岐島に流された。隠岐院は通信が仕えた後鳥羽上皇のことで、その名にちなむ仏像は通信とこの地を結ぶ証拠といってよかろう。

流人なれど……

それにしても、なぜ旧江刺郡のこの場所に通信の墓があるのか。

河野氏が自らの氏族の来歴を記した中世文書である『予章記《よしょうき》』は「河野通信は陸奥国平泉に流され、貞応《じょうおう》二年（一二二三年）五月十九日に六十八歳で亡くなった」と記す。平泉は陸奥国磐井《いわい》郡で江刺郡ではない。だが都である京都から見れば奥州は最果ての地だ。そこに流されたとあれば、奥州藤原氏の拠点であった平泉を思い浮かべることは自然だろう。平泉には律令制の軍事・警察組織である検非違使《けびいし》庁があったというから、そこに寄ってから江刺郡に運ばれたのかもしれない。

通信の身柄を託された寺が当時、極楽寺と呼ばれていたかは定かではない。だが辺りには平安時代、平泉に先行して仏教文化が花開いた国見山寺院群があった。その流れをくむ寺院が「罪人」を預けられたとしてもおかしくない。一遍の祖父は流人ながら、日本国中に名をはせ

祖父の墓に詣でる
出所：国宝『一遍聖絵』第五巻第三段（清浄光寺【遊行寺】所蔵）

「ひじり塚」の北方にある極楽寺

た河野水軍の棟梁《とうりょう》として一目も二目も置かれ、二年ほどの年月を経て、水越の丘の上に丁重に葬られたのであろう。

北上市立博物館の杉本良館長によると、上円下方墳は周辺では見られない墳墓だという。それだけの家系、人物として尊敬されていた証《あかし》のように、私には思える。

祖父の墓前で詠む

江刺は一遍の遊行の最北の地。そこまで出かけたことは、祖父に対する一遍の思い入れの深さを物語る。『一遍聖絵』の詞書は彼の墓参の様子をこう語っている。

荊棘《いばら》をはらひて追孝報恩のつとめをいたし墳墓をめくりて転経念仏の功をつみたまふまことに一子出家すれば七世の恩所得脱することはりなれは亡魂さためて懐土望郷のむかしの夢をあらためて華池宝閣の常楽にうつり給ぬらむことにたのもしくこそおほえ侍れ

聖哥云

はかなしなしはしかはねのくちぬほと
野原のつちはよそに見えけり
世中をすつるわか身もゆめなれは
たれをかすてぬ人とみるへき
身をすつるすつる心をすてつれは
おもひなき世にすみその袖

その『国宝　一遍聖絵』による「大意」は次の通りである。

（聖らは）そこに茂る草を刈り払い、追善報恩の勤行をし、墓をめぐって経を読み念仏をされたのでした。

まことに一子出家すれば、七世の肉親が地獄の苦をまぬがれるという道理がありますので、通信の亡魂も、きっと懐かしい故郷を思いこがれた昔の夢をあらためて、蓮の花咲く池のまわりに、宝閣が連なる極楽世界にお生まれになったことでしょうと、頼もしく思われたのです。

聖の歌に、

誰でも屍《しかばね》が朽ちればついに野原の土になる身です。その屍が朽ちないうちは、野原の土も自分とは無関係のものと思っています。はかないことです。やがて自分もこの野原の土となる身であることを深く考えなければなりません。

俗世間を捨ててしまった私自身さえ、まだ夢の中なのです。それなのに妄執《もうしゅう》を捨て切れない人だと誰を非難出来ましょう。祖父通信を妄執の人だとして非難出来ません。

身を捨てるという、その捨てる心さえ捨ててしまいましたので、もはやこの世に何も思いわずらうことのない墨染めの姿なのです。

最後の歌が印象的だ。身を捨てるという意思自体に「自力」が残っている。それではまだ駄目だ。そうしようという「心」さえ捨て、ひたすら南無阿弥陀仏の名号を唱えて阿弥陀仏にすべてをゆだね、仏と一体化する。彼は尊敬する祖父の墓前で思想の極致を感得した。

第九章　和泉式部伝承

——よくできたＰＲ歌

和泉式部の熊野詣

平安中期の歌人和泉式部《いずみしきぶ》の熊野詣のエピソードは有名だ。本宮の直前、伏拝《ふしおがみ》までたどり着いたところで月の障りになり、「残念だわ」という歌を詠んで引き返そうとした。しかし夢中に現れた熊野権現の歌で無事参拝できた。

歌のやり取りは室町時代、十四世紀中頃の勅撰集《ちょくせんしゅう》『風雅和歌集』に載っている。ただし主役は熊野の神であり、「神祇歌《じんぎうた》」として分類されているのだ。和泉式部の歌はその詞書のほうに入っている。岩佐美代子著『風雅和歌集全注釈　下巻』（笠間書院、二〇〇四年）から紹介する。

もとよりも塵《ちり》にまじはる神なれば月のさはりもなにかくるしき

これは、和泉式部熊野へまうでたりけるに、さはりにて奉幣かなはざりけるに、「はれやらぬ身のうき雲のたなびきて月のさはりとなるぞかなしき」とよみてねたりける夜の夢につげさせ給ひけるとなむ

伏拝王子跡から本宮方面を眺める　中央、光っている家並みの先に大斎原が見えた

この話は一遍の教えを受けた時衆の人たちが作り、広めたものだろう。月の障りはいわゆる「赤不浄」である。女人禁制の修験道と異なり女性も受け入れていた熊野の神は、一遍に「浄不浄を嫌わず（念仏札を配れ）」と諭した。きっと月経になっ

た女人も受け入れてくださるはずだ。そんな思いを込めたやりとりは室町時代に人口に膾炙《かいしゃ》し、勅撰和歌集に取り入れられたのであろう。

かの柳田國男はふたつの歌をけちょんけちょんにけなした。「女性と民間伝承」からその部分を抜き出すとこうだ。

この二つの歌は二つとも、作者の名誉の為に是非否定せねばならぬほど粗末な歌であります。最も手短かにをかしい点を申しますと、はれやらぬといふことは意味を為さず、浮雲のたなびくといふことはありませぬ。又神歌と称する方は、所謂《いわゆる》和光同塵《わこうどうじん》〔仏が本来の知徳を隠し、人びとが受け入れやすい姿となって現れ、衆生を救うこと＝筆者注〕の意を託したのでせうが、本末の関係があやしい上に、差支《さしつかえ》が無いといふことを苦しからずと謂《い》つたのは、神にふさわしからぬ中代の俗語でありました。従つて二首ともに偽作といふことになり、歌は偽作で事柄だけが真実といふことは、有り得ないのであります。（『定本　柳田國男集　第八巻』筑摩書房、一九六二年）

柳田の真面目さに感心するが、これは時衆の創作だろうから偽作といえば偽作である。そう考えれば目くじらを立てる必要はなかろう。いや、熊野の神の「懐の深さ」を示し、熊野詣を促すＰＲ歌としてなかなかよくできている、と私は思う。

しかし、月の障りになった女性が熊野三山を参拝できたのか、となると疑問もある。平安末期、藤原清輔《きよすけ》の歌論書『袋草紙《ふくろぞうし》』に次のような歌と詞書が載っている（『新日本古典文学大系29　袋草紙』岩波書店、一九九五年）。

おとなしの川のながれはあさけれど水のふかさにえこそわたらね

これは熊野に参詣せし女、音無川の辺より返されて泣く泣くこれを詠ず。この後、事なく参詣す。

音無川は熊野川とともに本宮の旧社地だった中洲を形成する川。そこを歩いて渡る「濡れ藁《わら》沓《くつ》の入堂」が水流で身を清める禊となった。「川は浅いけれど女人の罪の深さに渡れない」というのは、和泉式部と同じ障りだったのではないか。察するに案内役の先達《せんだつ》が止め、それが過ぎてから参拝したのだと思う。

『袋草子』の成立は和泉式部伝承の流布《るふ》よりだいぶ以前だから、赤不浄の時代観念を同一視することはできまい。だが後者の時代でも、「月のさはりもなにかくるしき」という熊野権現の言葉は「世にいう不浄も許して下さる」いう象徴的な意味合いが強かったのではあるまいか。

「伏拝」の伝承

和泉式部の伝承を今に伝える伏拝は中辺路のゴール本宮まであと一時間ほど、そこに伏拝王子があった。展望の開けた高台で、旧社地の大斎原を遠望できるところから「伏して拝んだ」という場所だ。そこに和泉式部供養塔と伝わる石積みがあるが、由来はわからない。「一里塚ではなかったか」と言う人もいる。熊野本宮語り部の会会長の坂本勲生氏は「和泉式部はそこまで行っていないと思う」と言う。伝承は伝承のままでいいのだ。

だいたい伏拝王子という名前さえ中世の記録にはなく、享保十五年（一七三〇年）の「九十九王子記」で初めて登場するそうだ。

『本宮町史』の編纂にあたった坂本氏が興味ある史料を教えてくれた。地元杉山家に伝わる「伏拝村惣中言上《そうちゅうごんじょう》」という文書で、土地争いをめぐって村の代表が奉行所に出した上申書である。

その中に「伏拝村と申候《もうしそうろう》ハ頃ハいつニて御座候も不存《ぞんぜず》候、一度泉式部之御つけ候様《よう》ニ承《うけたまわり》申候御事」というくだりがある（『本宮町史　近世資料編』）。

文書には明暦二年（一六五六年）の日付があるから、和泉式部の命名うんぬんは別として、江戸初期にはそこにかの伝承が根付いていたことになる。

菩薩となった和泉式部

絶世の美女といわれた小野小町《おののこまち》、浮名を流した和泉式部。世を騒がせた女性の伝説や墓は各地にある。時衆が和泉式部を「アイドル」として熊野の宣伝に取り上げたのは巧みだった。熊

伏拝王子跡にある「和泉式部供養塔」

野三山にとっても、承久の乱の打撃から立ち直り、武士や町民、農民など幅広い階層の人たちを呼び込む「追い風」になっただろう。

京都の街中、新京極にある浄土宗の誓願寺《せいがんじ》には和泉式部の霊と一遍のやりとりが演じられる謡曲「誓願寺」が伝わる。また近くの誠心院《せいしんいん》には彼女の墓と伝えられてきた宝《ほう》篋印塔《きょういんとう》がある。

世阿弥の作と伝わる謡曲は、あらまし次のような筋だ。都にのぼった一遍が念仏の道場、誓願寺で賦算（念仏札を配る）していると、一人の女人が念仏札にある「決定往生六十万人」の言葉について「六十万人しか往生できないのでしょうか」と問う。念仏札には「南無阿弥陀仏」の名号のほかに「決定往生六十万人」と書かれているからだ。

一遍は「六十万人は『六字名号一遍法』（六字の名号の南無阿弥陀仏は、あらゆるすべての仏の教えをおさめた絶対の教えである）、『十界《じっかい》依正《えしょう》一遍体』（現世に生きとし生けるものすべてが、この名号の徳に照らされたとき、その身は仏につつまれて差別なく平等である）、『万行離念《まんぎょうりねん》一遍証』

京都・三条大橋近くにある誓願寺

誓願寺近くの誠心院には和泉式部の墓と伝わる宝篋印塔がある

（すべての行は名号のなかに包まれているのであるから、名号を称えさえすれば、衆生の極楽往生と阿弥陀仏の正しい覚《さと》りとが不二《ふじ》であることが証明される）、『人中上々妙好華《にんちゅうじょうじょうみょうこうげ》』（この名号を称え、さとりを得た人こそ、人間のなかのもっとも優れた人であり、まさに泥中から咲きでた清浄な白い蓮華にもたとえられる）という頌《じゅ》（仏徳を讃え、教理を述べた言葉）の頭の字を並べたもので、（六十万人の制限はなく）だれでも往生できる」と答えた（六十万人頌のカッコに示した解説は前出『日本の名僧⑪　遊行の捨聖　一遍』の中の長島尚道氏の論文「念仏が念仏を申す信仰」から引用した）。

それを聴いて喜んだ女人は「私はあの石塔に住むものです。上人の手で六字名号の寺額をお書きください」と述べて姿を消した。一遍が額を書いて本堂に掲げたところ、辺りは芳香に包まれ、阿弥陀如来とともに歌舞の菩薩となった和泉式部が現れた。

京の街中で演じられた能楽は一遍の教えを広め、人びとを熊野詣へと駆り立てたことだろう。

第十章 小栗判官物語

——夢や願いを込める

「観光大使」小栗判官

和泉式部は中近世の熊野PRに一役買った。だが熊野を全国に宣伝してくれた「信仰・観光大使」をひとり挙げるとすれば小栗判官《おぐりはんがん》をおいてほかにあるまい。

常陸・相模・美濃・紀伊と舞台は全国に広がり、ロマンス・苦難・冒険・人情・信心、最後はハッピーエンドと、娯楽の要素が全部詰まっている。これも時衆が育て広めた物語だから、一遍に始まる時衆・時宗はその道に巧みだった。

有名な話なのでご存知の方も多いだろうが、代表的なものの大筋をおさらいしておこう。京の二条大納言兼家《かねいえ》の子小栗は、父の勧める縁談を断り、深泥池《みどろいけ》の龍女と契《ちぎ》りを結ぶ。怒った兼家は彼を常陸国に流す。だがこのプレーボーイはへこたれず、武蔵相模の郡代横山の娘で東国一の美女といわれた照手姫《てるてひめ》とねんごろになる。横山は小栗を「人食い馬」の餌食《えじき》にさせようとするが、小栗は馬を手なずけてしまう。ならば、と彼を宴会に招き毒酒で殺す。わが娘のふしだらも許せない横山は照手に石の重りをつけて相模川に流せ、と命じた。気の毒に思った家来が重りを切り離したので、彼女は浦の漁民に助けられる。そして加賀、越前と売られ、美濃国は青墓《あおはか》の宿「よろづ屋」で小間使いとなる。

一方、地獄に落ちた小栗は閻魔《えんま》大王の差配で、餓鬼阿弥《がきあみ》としてこの世に戻された。中世に業病と見放された癩病者の姿である。閻魔大王はその際、藤沢の上人あてに「この者を熊野本宮の湯峯《ゆのみね》の湯に入れてほしい。地獄から薬湯を届ける」と一筆添えた。上人は小栗を土車《つちぐるま》に乗せ、小栗の胸に「この車をひと引きすれば千僧供養、ふた引きすれば万僧供養」と書いた木札を掛けた。

東海道を人びとに引かれた土車は「よろづ屋」の前を通る。照手は相手が愛する人とはわからないが、何かを感じたのだろう、五日休みをもらって土車を引いた。別れ際に彼女は餓鬼阿弥の胸名札に「美濃国青墓、よろず屋の小萩《こはぎ》」と書き添えた。

土車は紀伊路を南下、山道では山伏たちが籠で背負ってくれた。相模国藤沢を出て四百四十四日、小栗はついに本宮に近い湯峯温泉に到着した。薬湯の効果はてきめん。七日目に両目が開き、十四日で耳が聞こえ、四十九日目には元の姿に戻った。熊野権現、閻魔大王、藤沢の上人らに感謝した小栗は京に戻り父親に詫びた。噂は帝《みかど》にも届き、彼は美濃の国司に任じられる。照手との再会を果たした小栗は常陸で仲睦まじく暮らしたという。

小栗物語と時衆

「藤沢の上人」とは、時宗の総本山になっている清浄光寺（遊行寺、藤沢市西富）の僧侶である。この人物が重要な役割を演じていること、「不浄」の病者が救われること、蘇生の舞台が熊野であることなどから、この物語は一遍や時衆と深く関連していたことがわかる。

清浄光寺は第四代遊行上人の呑海《どんかい》が正中二年（一三二五年）に開いたといわれる。説経節《せっきょうぶし》（中世から近世にかけてはやった語り物文芸）や浄瑠璃、歌舞伎の人気演題である小栗判官の物語がまとまったのは清浄光寺の開山以降であろう。

大衆が夢や願いを込めて育てた物語とはいえ「種本《たねぼん》」はある。その一つは室町時代の戦記物である『鎌倉大草紙《おおぞうし》』だ。それによれば応永三十年（一四二三年）、常陸国の小栗満重《みつしげ》が反乱を起こすが鎌倉公方《くぼう》だった足利持氏《あしかがもちうじ》に鎮圧される。満重の子小栗小次郎（助重）が「てる姫」という遊女に助けられる。「相模国に逃れた小次郎はある宿で強盗に毒酒で殺されそうになるが、てる姫の機転で逃れる」「彼は強盗が盗んだ荒馬に乗って藤沢の上人に助けを求め、上人は時衆二人を付けて三河国に送る」「強盗は宿の家人らにも毒を飲ませ川に沈めるが、毒酒を飲まなかったてる姫は助かる」「小栗小次郎はてる姫を探し出し、強盗を退治する」など、小栗判官物語に通じる出来事を記している（『群書類従・第二十輯　合戦部』続群書類従完成会、一九三二年）。

熊野信仰とのつながり

小栗判官が熊野で蘇生する物語を広めたのは時衆だけでなく、熊野への旅のツアーコンダクターだった先達《せんだつ》、各地を行脚し熊野信仰・熊野参詣を説いた比丘尼《びくに》たち、そして一縷《いちる》の望みを熊野の神に託して山道をたどった病者らであった。山伏が務めることが多かった先達の中には時宗の信者も少なくなかったようだ。

熊野那智大社に残る米良文書《めらもんじょ》（紀伊国の豪族・米良家の文書）の中に、永徳二年（一三八二年）の「僧都覚有一跡配分目録」がある（『熊野那智大社文書　第一』続群書類従完成会、一九七一年）。彼が諸弟に配分した土地建物資産や旦那《だんな》（熊野詣の人たちの組織）の目録である。

その越後国や京都の項には「越後国牛屋政所《まんどころ》是阿ミた仏引旦那」「同国三条七日市場政所左阿ミた仏引旦那」「檀那京都ヒクチマチノ定阿ミた仏・円阿ミた仏両人引旦那」「四天王寺本阿ミた仏一門引旦那」などの記述がある。「是阿弥陀仏」「左阿弥陀仏」「定阿弥陀仏・円阿弥陀仏」「本阿弥陀仏」は時衆で、地元の人たちを熊野三山に案内していたのだろう。

湯峯温泉と病者への援助

湯峯温泉は熊野本宮大社から標高三百六十九メートルの大日山《だいにちやま》を越えた谷あいにある。本宮と関係が深く毎年四月の例大祭に行われる「湯《ゆ》登《のぼり》神事」では神職、山伏、稚児を肩車した父親らが老舗の旅館で身を清め、温泉で炊いた粥を食べて戻ってくる。

天仁二年（一一〇九年）十月二十六日に本宮を詣でた藤原宗忠は十一月一日、湯峯の湯につかった。彼の日記『中右記』はその時の心もちを「谷底からお湯と水が並んで湧き出し、その混じり具合がなんともいえない。まさに神験（神業《かみわざ》）だ」と書いている。

湯峯はまさに小栗ワールドだ。彼がそこで蘇生したという谷川の中ほどにある「つぼ湯」、小栗を運んだ土車をそこに埋めた「車塚」、リハビリ中の小栗がそれを岩の面に押

湯峯温泉を流れる谷川の中ほどにある「つぼ湯」 小栗はここの湯で蘇生したそうだ

小栗を湯峯まで運んだ土車をそこに埋めたという「車塚」

小栗がリハビリに使ったとされる「力石」（右手の丸石）

し込めたという「力石」などが名所になっている。

欠かせないのは癩病（ハンセン病）とのかかわりである。

湯峯で民宿を営む傍ら小栗物語を研究してきた安井理夫氏は「かつてハンセン病が誤解され恐れられていた時代にも、この地域の人たちは温かく迎え入れていました。湯の峰温泉には『みどり館』といってハンセン病の患者さんばかりが泊る宿が大正のはじめ頃まであったそうです。一般客の宿とは分かれていたものの、温泉街の一角にそういう施設があったのは、熊野の人に温かい人情と、極楽浄土を信じる心があったからでしょう」と語っている（『別冊太陽 熊野——異界への旅』〈平凡社、二〇〇二年〉の中のインタビュー）。

こうした病者が実際、熊野三山の境内に入り、社殿を参拝できたかどうかはわからない。他の場面の多くに癩者や乞食らしき人物が登場する『一遍聖絵』の本宮の場面にはそうした人びとは描かれていないし、そうした事情を述べた史料もいまのところ探せないからである。

そして人々は熊野へ

一遍の弟子聖戒が編述し円伊という絵師が筆を取った『一遍聖絵』とは別に、僧宗俊がまとめたといわれる『遊行上人縁起絵』は前半が一遍の、後半は一遍を継いだ真教《しんきょう》の布教を描いている。真教が率いる時衆は正安三年（一三〇一年）十一月に伊勢神宮を参拝した。一行の中には尼僧や病者もいた。

『遊行上人縁起絵』の詞書にあらましこんな一節がある。

「太神宮への僧尼の参詣はたやすくなかろう。尼衆の中には月水（月経）などの穢《けが》れもあろうし、疥癬《かいせん》人も引き連れている。でも追い返されるところまで行ってみようと、疥癬のたぐいを（外宮《げくう》の西側を北上して伊勢湾にそそぐ）宮川のほとりに留め置いて、外宮の中の鳥居まで進んだ」（『日本絵巻物全集23巻　遊行上人縁起絵』角川書店、一九六八年）

疥癬人とはこの場合、癩者のことではなかろうか。もしそうだとすれば、尼僧は「強行突破」しても業病の患者を同行させるのをはばかったといえる。

相手は伊勢神宮である。熊野とは事情が違う。でも私には業病患者は熊野本宮でも参拝まではかなわず、湯峯から、近くても音無川の対岸から聖地を仰ぎ、極楽往生を願ったのではないか、という気がする。

だがたとえそうであっても、和泉式部や小栗判官の物語が語る「熊野の値打ち」「熊野のありがたさ」は少しも色あせない。それが熊野の熊野たるゆえんであり、一遍上人や彼に続いた時衆の歴史への貢献だった。私はそう思う。

主な引用文献

今井雅晴編『日本の名僧⑪　遊行の捨聖　一遍』吉川弘文館、二〇〇四年。

岩佐美代子『風雅和歌集全注釈　下巻』笠間書院、二〇〇四年。

梅原猛『日本の原郷　熊野』新潮社、一九九〇年。

勝浦令子『古代・中世の女性と仏教』山川出版社、二〇〇三年。

金井清光『一遍と時衆教団』角川書店、一九七五年。

神奈川県立歴史博物館編集『国宝　一遍聖絵』遊行寺宝物館、二〇一五年。

栗田勇『一遍上人――旅の思索者』新潮文庫、二〇〇〇年。

「河野通信墳墓発見の報告」『北上市史　第二巻古代（2）・中世』北上市史刊行会、一九七〇年。

五来重『熊野詣――三山信仰と文化』講談社学術文庫、二〇〇四年。

神道大系編纂会編『神道大系　文学編五　参詣記』神道大系編纂会、一九八四年。

戸田芳実『中右記――躍動する院政時代の群像』そしえて、一九七九年。

戸田芳実『歴史と古道――歩いて学ぶ中世史』人文書院、一九九二年。

永島福太郎、小田基彦校訂『史料纂集（古文書編）①　熊野那智大社文書　第一』続群書類従完成会、一九七一年。

塙保己一編『群書類従・第二十輯　合戦部』続群書類従完成会、一九三二年。
藤岡忠美校注『新日本古典文学大系29　袋草紙』岩波書店、一九九五年。
本宮町史編纂委員会編『本宮町史　通史編』本宮町、二〇〇四年。
本宮町史編纂委員会編『本宮町史　近世資料編』本宮町、二〇〇四年。
町田宗鳳『エロスの国・熊野』法藏館、一九九六年。
角川書店編集部編『日本絵巻物全集23巻　遊行上人縁起絵』角川書店、一九六八年。
望月信成編集担当『新修　日本絵巻物全集11巻　一遍聖絵』角川書店、一九七五年。
柳田國男『定本柳田國男集　第八巻――女性と民間伝承他』筑摩書房、一九六二年。
山本殖生構成『別冊太陽　熊野――異界への旅』平凡社、二〇〇二年。

あとがき

「伊勢路《いせじ》は神の国と仏の国を結ぶ道。いいところに住むことにしましたね」

私が伊勢路沿いの三重県熊野市波田須町に借家すると聞いた日本古代史の上田正昭先生は、こうおっしゃった。

「神の国」の中心は伊勢神宮、「仏の国」は熊野三山である。今でこそ本宮・速玉・那智大社が鎮座する熊野三山は、もっぱら神々の坐《いま》すところと思われているが、それは神仏が分離された明治以後のことで、江戸期までは神仏習合それも「仏優位」の世界だった。「神の国と仏の国を結ぶ道」とは言い得て妙である。あれから十年近く、自宅の窓から熊野灘を見おろしながら、亡き先生の言葉をかみしめている。


こちらに居を構えて以来、古代の熊野に思いをはせてきた。目はどうしても熊野三山の方に向い、伊勢や神宮の知識は乏しいままだ。それでも私には「伊勢」と「熊野」がなにかと対照的な世界に思えて仕方ない。イメージで言えば「簡素と雑多」「秩序（コスモス）と混沌（カオス）」「定住と漂泊」「建前と本音」「権威と反骨」「沈着と情熱」などが浮かぶ。

伊勢神宮の建物は誰が見てもシンプルで美しい。でも完全な美にはどこか冷たさ、よそよそしさも伴う。そこにゆくとアニミズムの香りが漂う熊野は、『日本書紀』が天孫降臨に先立って葦原中国《あしはらのなかつくに》を表した「蛍火《ほたるび》のように輝く神や蠅のように騒がしい神がおり、草木もみなよく物をいう」おどろおどろしい雑然とした雰囲気をもつ。私は「ごった煮鍋」のようなその温もり、優しくやわらかな空気が熊野の魅力のひとつだと思っている。

伊勢は平地が広がり稲作が盛んだ。一方、山塊が海に迫る熊野は傾斜地で畑作が営まれ、一昔前までは焼畑もあった。柳田國男の「常民」の典型が土地に腰を据えた稲作農民だとすれば、熊野には流離《りゅうり》の貴人や漂泊者つまり移動する民が似合う。平家や南朝の落人《おちうど》、山伏、熊野比丘尼、木材や金属資源を追い求めた木地屋《きじや》や踏鞴師《たたらし》、サンカ、最後の救いを願って三山をめざした病者、そして乞食まで、そこは彼ら、彼女らの舞台だった。

哲学者の梅原猛は「熊野は縄文文化が遅くまで残った土地」と書いた（『日本の原郷　熊野』新潮社、一九九〇年）。その伝でいけば「縄文（狩猟）の熊野、弥生（稲作）の伊勢」といえるかもしれない。

神々もそうだ。内宮にどっしり構える天照大神《あまてらすおおみかみ》に対して、熊野には折口信夫が描いた「マレビト」、つまり常世《とこよ》やニライカナイから定期的に訪れ村々を祝福する移動するカミが合っている。

伊勢神宮にも神仏習合はあった。しかしその歴史は「神の国に純化し、仏はできるだけ遠ざけよう」とした努力でもあった。だが神職とて極楽往生、来世の安寧《あんねい》を希求した。金剛證寺《こんごうしょうじ》のある朝熊山《あさまやま》に神宮の禰宜《ねぎ》らが埋めた経塚は伊勢の「建前と本音」の一端を物語る。

伊勢と熊野との対比に興味をそそられる一方、「地域の分析は抽象論や観念論ではなく、具体的、実証的に迫らないと」と自分に言い聞かせてきた私としては「秩序と混沌」とか「定住と漂泊」とかイメージや心象を並べて論じるだけで良しとするわけにはいかない。それに両者を語るには古代史にとどまらず、中世や近世の勉強もしなければなるまい。「熊野とは何か」にさらに迫るために、横にも縦にも視座を広げる必要があるのだ。

そこで手始めに、一遍上人という人物を通じて熊野の中世をのぞいてみようという気になった。一遍は本宮で成道《じょうどう》（悟りをひらく）し、全国を遊行した。漂泊という熊野に似つかわしい生き方である。一遍を開祖とする時宗（時衆）は室町時代に国阿《こくあ》上人を生んだ。仏を敬遠し、穢《けが》れを徹底して排した神宮に対し「それを持てば穢れが除かれ参宮できる」というお札を配った人物で、熊野三山から伊勢へ伊勢路も歩いた。

一遍の熊野成道を考えることで、熊野が復活（黄泉還《よみがえ》り）の地であり、神仏習合がごく自然に根付いた地であることを再認識した。また先祖やルーツを想起する（一遍でいえば祖父河野通信）場所であるようにも思えた。私にとって次なる課題は伊勢や近世も視野に入れて「熊野とはなにか」を自分なりにさらに追い求めることである。

二〇一八年十一月十二日、私は友人の神保圭志氏にさそわれて万歳峠《ばんぜ》に出かけた。熊野川河畔の志古《しこ》と本宮を結ぶ古道だ。そこに建つ行書体と草書体の「一遍上人名号碑」についての東京文化財研究所による調査を見学した。

行書体碑のそばに草書体碑の石片が無造作に置かれている。草書体碑は、そこから一キロメートルほど下にある磨崖石《まがいせき》にはめ込まれていたと推測されてきたが、今回の調査で石片と磨崖石の凹部がぴたり一致、推測が確かめられた。「一遍と熊野」をめぐる実証研究が進むことは喜ばしい。

この本を出すにあたって、巻頭に一文を寄せてくださった熊野本宮大社の九鬼家隆宮司、『一遍聖絵』提供の労をおとりくださった遊行寺宝物館の遠山元浩館長にお礼を申し上げる。松本純一氏、阿部幹男氏、杉本裕一氏には現地の案内や助言をいただくなどお世話になった。出版は前作『熊野から海神《うながみ》の宮へ』同様はる書房にお願いした。こぶりながらきれいな本に仕上げてくれた佐久間章仁氏に感謝したい。

二〇一九年八月

桐村英一郎

【著者略歴】

桐村英一郎（きりむら・えいいちろう）

1944年生まれ。慶應義塾大学経済学部卒。朝日新聞社入社後、ロンドン駐在、大阪本社、東京本社経済部長、論説副主幹などを務めた。2004年11月末の定年後、奈良県明日香村に移り住み、神戸大学客員教授として国際情勢、時事英語などを教える傍ら古代史を探究。2010年10月から三重県熊野市波田須町に住んでいる。三重県立熊野古道センター理事。

著書・『もうひとつの明日香』（岡西剛・写真、青娥書房、2007年）、『大和の鎮魂歌―悲劇の主人公たち』（塚原紘・写真、青娥書房、2007年）、『ヤマト王権幻視行―熊野・大和・伊勢』（塚原紘・写真、方丈堂出版、2010年）、『熊野鬼伝説―坂上田村麻呂 英雄譚の誕生』（三弥井書店、2012年）、『イザナミの王国　熊野―有馬から熊野三山へ』（塚原紘・写真、方丈堂出版、2013年）、『古代の禁じられた恋―古事記・日本書紀が紡ぐ物語』（森話社、2014年）、『熊野からケルトの島へ―アイルランド・スコットランド』（三弥井書店 、2016年）、『祈りの原風景―熊野の無社殿神社と自然信仰』（森話社、2016年）、『熊野から海神の宮へ―神々はなぜ移動するのか』（はる書房、2018年）。

共著・『昭和経済六〇年』（朝日選書、1987年）。

一遍上人と熊野本宮―神と仏を結ぶ―

二〇一九年九月三〇日　初版第一刷発行

著　者　桐村英一郎

発行所　株式会社はる書房

〒一〇一-〇〇五一　東京都千代田区神田神保町一-四四　駿河台ビル

電話・〇三-三二九三-八五四九　FAX・〇三-三二九三-八五五八

http://www.harushobo.jp

郵便振替　〇〇一一〇-六-三三三二七

資料提供　清浄光寺（遊行寺）

組　版　有限会社シナプス

装　丁　伊勢功治

ISBN978-4-89984-185-2